David Fernández Sifres

Habitación sorpresa

Ernst Klett Sprachen
Stuttgart

Para Nilo, mi pequeño amigo hispano-alemán

1. Auflage 1 5 4 3 2 1 | 2026 25 24 23 22

Autor: David Fernández Sifres
Redaktion: Marcelo Rodríguez
Zeichnungen: Harald Ardeias
Tontechnik: custom music, Andreas Nesic, Stuttgart
Sprecher: Julio José Serrano Porras
Layoutkonzeption: Andreas Drabarek
Satz: Satzkasten, Stuttgart
Umschlaggestaltung: Eva Lettenmayer
Umschlagfoto: Getty Images (Brownie Harris), München; 123RF.com (Sean Pavone), Nidderau
Druck und Bindung: Plump Druck & Medien GmbH, Rheinbreitbach

Printed in Germany
ISBN 978-3-12-560204-5

Índice

Augmented

Das Hörbuch kann über die Klett-Augmented-App heruntergeladen werden.

Klett-Augmented-App kostenlos downloaden und öffnen | **Diese Seite** scannen | Medien laden, direkt nutzen oder speichern

Lesezeichen

Das Lesezeichen hilft dir bei schwierigen Wörtern, die im Text farbig markiert sind. Falls du das Lesezeichen verlierst, kannst du es auf www.klett-sprachen.de kostenlos herunterladen. Gib dazu den Code 274udan in das Suchfeld ein.

Leer juntos

Elige uno de los personajes mencionados abajo y marca la casilla del que te interesa. En clase, leed juntos los capítulos 1–2. Después tú tienes que leer solo/a el capítulo de tu personaje (3 o 4 o 5) y, después, reúnete con tus compañeros para hablar sobre lo que ha pasado.

Continuad leyendo juntos los capítulos 6–8. Después lee solo/a el capítulo de tu personaje (9 o 10 u 11) y discútelo, de nuevo, con tus compañeros. Termináis leyendo juntos los capítulos 12–18. Claro que –si te encanta leer– puedes leer todo el libro y descubrirlo todo por ti mismo.

Las personas

Marcos

16 años. De León. Enamorado del mar. Su sueño, ser biólogo marino. Su frase preferida, “el mar aún esconde secretos inimaginables”. Sigue a Marcos si no te gusta mucho leer y si prefieres textos sencillos. ☐

Sandra

16 años. De Sevilla. Es la alumna ejemplar. La niña obediente y perfecta. La que siempre se porta bien y saca las mejores notas. Sigue a Sandra si te encanta el español, te parece fácil y, sobre todo, si leer es un placer para ti. ☐

Daniel

15 años. De Cáceres. Apasionado del mundo virtual, las criptomonedas y el metaverso. Y del equipo de fútbol del Real Madrid. Sigue a Daniel si te gusta leer y si el español no te parece muy difícil. ☐

1. La llegada

El hotel era grande, pero muy viejo. Tenía más de trescientas habitaciones y una lámpara enorme que colgaba del techo, en la recepción.

Marcos imaginó un insecto gigante de cristal a punto de caer sobre ellos.

Eduardo, su profesor, repartía las habitaciones en voz alta.

—María, Aurora y Sonia, habitación 130. Celso, Carlos y Nilo, habitación 131.

Marcos arrugó la nariz. Nilo y Carlos eran sus mejores amigos y no iba a compartir habitación con ellos. ¡Qué mala suerte!

El viaje no empezaba bien.

El viaje.

Este año no había premio. Solo había viaje. En su colegio, en el año de 4º de la ESO, el último allí, el colegio daba un premio. No era un premio al mejor alumno, sino un premio a la mejor persona. Y lo votaban todos los compañeros y profesores.

Y el premio siempre era algo espectacular. No necesariamente una cosa. Algo realmente ilusionante para el ganador. Algo diferente. Algo para guardar en la memoria toda la vida. Algo que los compañeros y el colegio decidían en secreto.

Pero este año no era posible. La pandemia no había permitido reuniones para decidir el premio y solo le daban al ganador una placa con su nombre.

Y el ganador de este año tan raro era él: Marcos Férnandez, 4º de la ESO, dieciséis años.

Solo una placa. Y un aplauso.

Agradecía el reconocimiento, eso sí, pero…

La voz del profesor le sacó de sus pensamientos.

—Marcos, tenemos un pequeño problema —le dijo—. Todas las habitaciones son triples, y sois veinticinco alumnos, y…

Marcos no solo era buena persona. También era inteligente, uno de los mejores de la clase. No le dejó terminar.

—Ocho habitaciones triples y sobra un alumno. Y ese alumno soy yo —adivinó.

El profesor sonrió y le dio una llave.

—Habitación 136. Está claro que hemos acertado dándote el premio a ti.

El premio.

Una placa y estar solo en el viaje de fin de curso. Sin duda, todo podía ir a peor.

Miró la llave. El hotel ni siquiera tenía tarjetas magnéticas para abrir las puertas. Arrastró su maleta sin ganas por el pasillo del primer piso. Un pasillo interminable. El suelo era de una moqueta negra y vieja.

Introdujo la llave en la cerradura. Imaginó una habitación pequeña, con una cama en un rincón y las paredes pintadas también de negro.

Sus compañeros sabían que era una buena persona, inteligente y… pesimista. Venía todo en el pack.

El clic en la cerradura sonó como un disparo, pero la puerta se abrió sin hacer ruido. Una voz desde dentro rompió el silencio.

—¿Hola? ¿Quién es? —escuchó.

Un chico de su edad terminó de abrir la puerta. Marcos miró de nuevo el número de su llave y el que aparecía en la habitación.

—Disculpa —dijo—. Creo… creo que esta es mi habitación. La 136.

El chico miró la llave que le enseñaba Marcos. Asintió, le enseñó la suya y se encogió de hombros.

—136, también —señaló—. Tiene que haber algún error. Yo estoy de viaje con mi instituto, todas las habitaciones son triples, somos veinticinco y a mí me ha tocado solo en esta habitación.

Marcos levantó las cejas.

—¿Estás de broma? —preguntó—. ¡Eso es exactamente lo que me ha pasado a mí!

No les dio tiempo a hablar más. Una voz desde el pasillo les sobresaltó. Era una chica, más o menos de su edad. Sostenía una llave en alto.

—Disculpad. Creo que esta es mi habitación. La 136.

2. Gritos

—Esto es ridículo.

La chica se llamaba Sandra, tenía 16 años, era de Sevilla y llevaba ya diez minutos dando vueltas por la habitación.

—Esto es ridículo —repetía—. ¿Me estáis diciendo que no os conocéis de nada?

Los chicos estaban sentados en una de las tres camas.

—De nada —aseguró Marcos.

—Absolutamente de nada —reforzó Daniel—. Te lo acabo de explicar: yo me he quedado sin habitación y me han dado esta, la 136.

—Y a mí me ha pasado lo mismo —insistió Marcos.

Sandra negaba con la cabeza.

—Pero es que esto es… es…

—Ridículo —completaron los otros dos.

La chica parecía un hámster en una jaula, de un lado para otro. Se paró de repente y se sentó en otra cama, frente a ellos.

—A ver, vamos a ser serios. ¿Cómo os llamabais y de dónde erais?

—Marcos, de León.

—Daniel, de Cáceres.

—De acuerdo, desconocidos Marcos y Daniel de León y Cáceres. ¿Queréis que me crea que a los tres nos ha pasado lo mismo? ¿Que los tres estamos de viaje de fin de curso? ¿Que tenemos la misma edad? ¿Que a los tres nos han dado el premio de nuestro instituto? ¿Que por el maldito virus chino este año solo nos dan una placa? ¿Que los tres nos hemos quedado sin habitación y que a los tres, a pesar de ser de institutos y ciudades diferentes y de no conocernos de nada, nos han dado la misma habitación para dormir? ¿Todo eso queréis que me crea? Es… es…

—Ridículo —dijo Marcos.

—Totalmente ridículo —añadió Daniel.

Sandra se dejó caer sobre la cama y resopló. Se levantó al momento y cogió su bolso.

—Efectivamente. Es ridículo del todo. Me voy a hablar con mi profesor.

Unos gritos en el pasillo del hotel les interrumpieron. No era una discusión normal. También se oían golpes.

Sandra abrió la puerta con precaución y asomó la cabeza. Dos hombres y una mujer, con acento extranjero, ruso quizá, forcejeaban con el personal de seguridad del hotel.

—¡Teníamos reservada la habitación 136! —gritó uno de los hombres—. ¡Desde hace semanas!

—Ya se lo he dicho, señor. Hemos tenido que dar esa habitación a unos jóvenes, por un problema de habitaciones. Pero les daremos a ustedes una habitación superior, la suite.

Los extranjeros intentaban llegar a la habitación.

—¡No queremos la suite! ¡Queremos la 136! ¡Necesitamos la 136!

Las puertas de las demás habitaciones también se habían abierto. Los huéspedes asomaban las cabezas con curiosidad.

En ese momento aparecieron seis policías, tiraron a los extranjeros al suelo y les sujetaron las manos a la espalda. Mientras se los llevaban, los rusos seguían gritando.

—¡No lo entienden! ¡Necesitamos la habitación 136!

Sandra volvió a meterse en la habitación y cerró la puerta. Miró a sus compañeros.

—Estamos de acuerdo en que todo esto no es normal, ¿verdad? —preguntó.

No les dio tiempo a comentarlo. Unos golpes en la puerta les sobresaltaron. Se alejaron de ella caminando hacia atrás hasta que tocaron la ventana con sus espaldas.

La manija de la puerta comenzó a bajar lentamente y Sandra lamentó no haber cerrado con llave. Tres segundos después, un camarero negro con el uniforme rojo del hotel entró en la habitación. Empujaba un carrito con un plato cubierto por una campana.

—Buenos días, servicio de habitaciones —saludó—. Habitación 136. Les dejo lo que pidieron. Disculpen el retraso.

Reaccionó Marcos.

—Disculpe usted, pero nosotros no hemos pedido nada.

El camarero los miró un instante y, sin decir nada más, cogió un teléfono móvil de su bolsillo, les sacó una foto y se fue.

3. MARCOS

Sandra miró a los dos chicos.

—¿El camarero nos ha sacado una foto o me lo acabo de inventar? —preguntó, irónica.

Marcos miró a Daniel. Era el que primero había llegado a la habitación. Daniel levantó las dos manos.

—Juro que yo no he pedido nada —aseguró.

La chica se dejó caer en la cama.

—Esto es ridículo —dijo.

—Sin duda. —apoyó Marcos—. Y esto no puede quedar así.

El chico corrió hacia la puerta, la abrió y salió de la habitación. Miró a ambos lados, pero no había nadie en el pasillo.

Bajó las escaleras de dos en dos y fue directo a la recepción. Miró hacia todos los lados, pero no vio al camarero. Estaba nervioso.

Le atendió una mujer joven, con una sonrisa aprendida.

—¿Qué desea, señor?

—Nos acaban de sacar una foto —dijo, resoplando.

—¿Perdón?

—¡Que nos han sacado una foto!

La mujer se removió, incómoda. Tenía los ojos claros y se ajustó las gafas.

—No… no entiendo lo que me quiere decir, señor.

Marcos seguía mirando en torno, buscando al camarero.

—Un camarero —trató de explicarse—. Nos ha llevado a la habitación algo que no habíamos pedido y nos ha sacado una foto.

La recepcionista levantó un poco las cejas y cogió el ratón del ordenador. Miró la pantalla.

—¿Puede decirme en qué habitación están, señor?

—La 136. Era un camarero negro. Nos dejó un carrito y nos sacó una foto con un móvil. Y se fue.

La mujer levantó la vista del ordenador y se quitó las gafas. Miró al chico.

—No tenemos ningún empleado negro en el hotel, señor.

4. SANDRA

Sandra miró a los dos chicos.

—¿El camarero nos ha sacado una foto o me lo acabo de inventar? —preguntó, irónica.

Marcos miró a Daniel. Era el que primero había llegado a la habitación. Daniel levantó las dos manos.

—Juro que yo no he pedido nada —aseguró.

La chica se dejó caer en la cama.

—Esto es ridículo —dijo.

—Totalmente de acuerdo —apoyó Marcos—. Y esto no puede quedar así.

El chico salió corriendo de la habitación, en busca del camarero. Sandra miraba al techo.

—Yo también me voy —dijo de pronto. Se levantó de la cama y cogió su bolso y la maleta.

—¿Te vas? ¿A dónde te vas?

—A que me den otra habitación. Hay diez millones de habitaciones en este hotel —exageró—. Seguro que encuentran alguna vacía en la que no quieran entrar unos rusos locos. Y en la que no me saquen fotos.

Daniel se encogió de hombros.

—Suerte —le deseó.

Sandra miró hacia atrás, desde la puerta.

—Un placer conoceros, supongo. Despídeme del otro chico…

—Marcos.

—Eso, de Marcos. Chao.

Mientras esperaba el ascensor, aún miró varias veces a ambos lados. Temía ver aparecer a los rusos, o al camarero. Pulsó el botón con el número tres. El profesor les había dicho el número de su habitación, por si necesitaban cualquier cosa. La 333, para que la recordaran con facilidad.

Llamó a la puerta. No quería molestar, pero la situación era insostenible.

El hombre abrió la puerta y se sorprendió de encontrar a la chica. Tenía unos cuarenta años. Había llegado al colegio cuando Sandra era una niña. Y le caía bien. Se llamaba Antonio.

—¡Sandra! ¿Todo bien? ¿Algún problema?

La chica miró hacia el interior de la habitación, pero el profesor no la invitó a entrar.

—Sí, claro que tengo un problema. La habitación. Quiero cambiarme de habitación.

Antonio resopló.

—Entiendo —dijo—. Ha sido todo un malentendido con el hotel. Habíamos pedido siete habitaciones triples y dos dobles pero, por error, nos reservaron ocho triples. Y te ha tocado a ti estar sola y…

—¡Ese es el problema! —interrumpió Sandra, nerviosa—. ¡Que no estoy sola! ¡Estoy en una habitación con gente a la que no conozco de nada!

—A ver, Sandra —el profesor posó la mano en su hombro—. Cálmate. Vamos a intentar que…

La chica no le dejó terminar, pero habló más tranquila.

—Y, encima, tres rusos que parecían torres han intentado entrar a golpes, y se los ha llevado la policía. Y un camarero nos ha sacado una foto y se ha ido. ¿No podemos buscar otra habitación?

Antonio negó con la cabeza.

—Me temo que no. Ya estuvimos hablando con el hotel, antes de repartíroslas. Están completos. Preguntaré de nuevo mañana, ¿de acuerdo? Y, tranquila, no vas a tener ningún problema con esos dos chicos. ¿Y qué es eso de los rusos?

Sandra se soltó de golpe y miró a su profesor a los ojos. Algo no era coherente en su discurso. Primero le había dicho que sentía que estuviera sola, y ahora…

Cogió la maleta y caminó unos pasos hacia atrás antes de contestarle.

—Yo no te he dicho que fueran dos. Ni que fueran chicos.

5. DANIEL

Sandra miró a los dos chicos.

—¿El camarero nos ha sacado una foto o me lo acabo de inventar? —preguntó, irónica.

Marcos miró a Daniel. Era el que primero había llegado a la habitación. Daniel levantó las dos manos.

—Juro que yo no he pedido nada —aseguró.

La chica se dejó caer en la cama.

—Esto es ridículo —dijo.

—Totalmente de acuerdo —apoyó Marcos—. Y esto no puede quedar así.

Marcos salió corriendo de la habitación, en busca del camarero. Sandra miraba al techo.

—Yo también me voy —dijo de pronto. Se levantó de la cama y cogió su bolso y la maleta.

—¿Te vas? ¿A dónde te vas?

—A que me den otra habitación. Hay diez millones de habitaciones en este hotel —exageró—. Seguro que encuentran alguna vacía en la que no quieran entrar unos rusos locos. Y en la que no me saquen fotos.

Daniel se encogió de hombros.

—Suerte —le deseó.

Sandra miró hacia atrás, desde la puerta.

—Un placer conoceros, supongo. Despídeme del otro chico…

—Marcos.

—Eso, de Marcos. Chao.

Daniel se quedó mirando hacia la puerta. En media hora había pasado de estar solo a tener dos compañeros y a quedarse solo otra vez. En ese tiempo, además, la policía había detenido a tres rusos que querían su habitación y un camarero les había sacado una foto. Y había conocido a una chica preciosa que se llamaba Sandra. Y había estado tumbada en su cama antes de escapar casi corriendo. De locos.

Un pitido le sacó de sus pensamientos. Tardó en identificar que era el teléfono. Ya casi nadie usaba teléfono fijo. Solo en los hoteles.

Estaba sobre la mesilla de noche. Se sentó en la cama para descolgarlo.

—¿Sí, dígame?

Nadie se presentó al otro lado. Habló sin rodeos.

—Confío en que el viaje haya ido bien y que ya os hayan entregado el… regalo.

La voz era grave, con un acento ruso muy marcado. Daniel no fue capaz de contestar. El corazón había comenzado a latirle con golpes rojos y violentos. El hombre continuó hablando.

—Ya hemos recibido vuestra foto. La hemos trasladado a las personas necesarias. No os imaginábamos tan jóvenes, es cierto. Pero confiamos en nuestros contactos: si os han enviado a vosotros es porque sois los mejores.

A Daniel le temblaba el teléfono en la mano. ¿De qué estaba hablando este hombre? Esta vez intentó hablar, pero la voz le interrumpió.

—Os estaremos vigilando. Preparad el… regalo. No admitimos errores. Espero que todo salga… perfecto. Por vuestro bien. Volveremos a hablar.

6. Compañeros de habitación

—No me lo puedo creer —dijo Marcos—. O sea, sí me lo creo, pero es increíble. Bueno, vosotros me entendéis.

Los tres estaban de nuevo en la habitación. Sandra paseaba de un lado a otro, como de costumbre, y los chicos se habían sentado en las camas.

Durante los últimos minutos se habían contado lo que le había ocurrido a cada uno. Un camarero que no existe, un profesor que sabe demasiado y un ruso que amenaza por teléfono.

Daniel jugueteaba con su llave y pasaba el dedo por encima de los números del llavero: 136.

—Lo que está claro es que vamos a ser compañeros de habitación —miró a Sandra de reojo—. Nos guste o no.

Sandra cogió la silla de la habitación, la colocó frente a los chicos y se sentó. Se hizo una coleta en el pelo antes de hablar.

—Vamos a ver —comenzó—. Lo que está claro es que esta habitación no era para nosotros. Era para tres rusos.

—Tres rusos que se enfadaron mucho —añadió Marcos.

—Tres rusos que se enfadaron mucho porque esperaban una llamada de teléfono en esta habitación —completó la chica.

Daniel levantó la mano derecha.

—Y algo muy importante: el que llamó no conoce a los tres rusos —dijo.

—Y, por esa razón, un camarero que no existe nos sacó una foto y se la mandó —apuntó Marcos.

Daniel asintió.

—Y ahora cree que nosotros somos los tres rusos a los que esperaba: dos hombres y una mujer. Maldita casualidad.

Sandra se mordió el labio inferior. Miró a los chicos antes de hablar. Estaba seria.

—Eso no es lo peor. Lo peor es que él cree que nosotros hemos recibido una cosa. Y que tenemos que hacer algo con ella. Y nos ha amenazado. Y tiene nuestra foto.

Daniel se levantó. Aún recordaba las amenazas por teléfono.

—¡Pero eso es imposible! ¡Nosotros no hemos recibido nada!

No pudo continuar. De repente abrió mucho los ojos y miró hacia la puerta. El carrito que no habían pedido aún estaba allí.

7. El carrito

El carrito.

Se habían olvidado de él. Un elefante en la habitación.

Se acercaron casi con miedo. Solo tenía un cubreplatos de metal que parecía una campana. Reflejaba sus caras.

Sandra miró a los chicos. Les preguntó con los ojos. Ellos asintieron.

La chica levantó la campana con cuidado. Estaba nerviosa. Por un momento imaginó encontrar una pistola. O dinero. O droga.

Pero nada de eso.

—¿Un pendrive?

Marcos acercó la cabeza para verlo mejor. Lo cogió Daniel.

—Pues… sí. Eso parece. Un pendrive.

Volvieron a mirarse en silencio.

—¿Esta es… "la cosa"? —preguntó Marcos, finalmente.

Sandra se encogió de hombros.

—Supongo que sí, que esta es la cosa —dijo.

No era una pistola, ni dinero, ni drogas, y eso la había tranquilizado. Le pidió el pendrive a Daniel y lo observó en su mano.

—Tenemos que abrirlo —añadió.

—¿Tenemos que abrirlo? —preguntó Daniel, sorprendido—. ¿Por qué tenemos que abrirlo?

Sandra contestó sin dejar de mirar el objeto.

—Porque tenemos que entregar algo a alguien. Porque no sabemos qué ni a quién. Porque nos han amenazado y porque…

Se quedó pensando. Por un instante, recordó que había sido la niña perfecta. La que sacaba las mejores notas. La que siempre se portaba bien. La que siempre obedeció a sus padres. La que…

Siguió hablando.

—Y porque esto es lo más emocionante que me ha pasado en toda mi vida.

Miró otra vez a los chicos.

—Y apuesto a que a vosotros también.

Marcos y Daniel se miraron.

Era absolutamente cierto.

—Esto no va a salir bien —murmuró Marcos.

El ordenador de Daniel tardó unos segundos en detectar el pendrive. Marcos señaló la pantalla.

—Ahí está.

—¿Lo abro? —preguntó Daniel, pero no esperó la respuesta. Pulsó encima del icono. El corazón les latía muy rápido.

Pero no pasó nada. Solo cinco espacios en blanco para poner una contraseña. Cinco espacios grandes. Tal vez para cinco palabras.

Daniel se llevó las manos a la cabeza y después volvió a mirar el pendrive de cerca.

—¡No es un pendrive! —exclamó—. ¡Es una wallet de criptomonedas! ¡Un monedero! ¡Conozco esa marca y ese modelo de contraseña!

Sandra abrió mucho los ojos.

—¿Hablas de bitcoin?

Daniel estaba entusiasmado.

—¡No solo eso! Hablo de todo: criptomonedas, tokens, NFTs… ¡Aquí puede haber millones de euros en criptos!

Marcos asintió con la cabeza, pero le pidió que bajara la voz.

—Lo que está claro es que tiene que ser algo gordo —dijo—. Están demasiado interesados en ello.

No pudieron comentar nada más. Un ruido los sobresaltó por completo. Alguien llamaba a la puerta.

8. Visitas

Marcos apoyó la oreja en la puerta. No se oía ningún sonido. Tampoco los gritos de antes. Llamaron de nuevo.

—¿Quién es? —se atrevió a preguntar.

—Soy Manuela, la profesora de Daniel.

Manuela era una chica joven y alegre. Sonrió en cuanto le abrieron la puerta, y esa sonrisa los tranquilizó.

—Venía a verte, Daniel —saludó—. Bueno, a veros a los tres, en realidad. Ya me han dicho que os ha tocado juntos —levantó los brazos, como disculpándose—. Ha sido un error absurdo del hotel, pero no ha habido otra manera de corregirlo.

Miró a Sandra y a Marcos.

—Sandra y Marcos, ¿verdad? —dijo, sin esperar respuesta—. Ya he estado con vuestros profesores y me han hablado de vosotros. Daniel, estarás muy bien con ellos. Estoy segura. Y vosotros con Daniel. Es una maravilla de chico. Bueno, aunque eso es exactamente lo mismo que dicen vuestros profesores de vosotros… —volvió a sonreír.

La mujer dejó de hablar y volvió a mirar a los tres chicos con detenimiento. Estaban demasiado serios.

—¿Pasa algo?

Se miraron sin contestar. Ella insistió.

—¿Algún problema entre vosotros? ¿Algo que queráis contarme?

—Sí, hay algo —reconoció Daniel.

Los otros dos levantaron la cabeza de golpe y le miraron con sorpresa. ¿Se lo iba a contar?

Daniel adivinó su mirada.

—Confío en ella —se justificó—. La conozco desde hace mucho. Lo sabe todo de mí. Me ha ayudado siempre. En cosas más difíciles que esta —dudó—. O casi.

La profesora abrió mucho los ojos.

—Espera, espera, espera —interrumpió—. ¿Qué está pasando aquí? ¿Qué es lo que tenéis que contarme?

Sandra y Marcos miraban fijamente a Daniel, sin hablar. La chica negó con la cabeza de manera casi imperceptible. Daniel lo vio.

—Tengo que contárselo —insistió—. A vosotros no os conozco de nada, pero a ella sí. Entiendo que vosotros no confiéis en ella, pero yo sí. Podemos contarle cualquier cosa —hizo una pausa—. Y esto necesitamos contárselo a alguien. A ella. Quizá también a la policía.

Manuela, la profesora, se llevó la mano al corazón cuando escuchó esa última palabra. No esperó más. Entró por completo en la habitación y cerró la puerta detrás de sí.

—¿Policía? ¿Has dicho "policía"? —repitió. Miró a los otros dos chicos y apoyó la mano en el brazo de Sandra—. Daniel tiene razón; soy Manuela, su profesora, y no me conocéis. Pero os aseguro que podéis confiar en mí. Y yo sí le conozco bien a él. Y sé que estáis en un problema grave.

Se lo contaron sin prisa. Al principio solo Daniel, pero después también Marcos y Sandra. Desde el desastre de estar en una habitación con desconocidos hasta el pendrive que había metido en el portátil, pasando por lo del camarero, los gritos en el pasillo y la llamada del ruso.

Cuando acabaron, Manuela se levantó y comenzó a pasear por la habitación. Miraba al suelo. Luego cogió el pendrive.

—No podemos avisar a la policía —dijo, finalmente.

Daniel se sorprendió.

—¿No?

—No. De ninguna manera. No puede saberlo nadie. Ni yo. No se lo contéis a nadie más. Tampoco a la policía. Es gente muy peligrosa —miró el pendrive—. Si esto es una wallet, tienen mucho interés en ella. Seguro que aquí hay mucho dinero. Mucho. Mucho. Y la gente, por dinero, hace cualquier cosa.

Jugueteó con la wallet en la mano antes de seguir hablando. Estaba pensando.

—Es una banda —pensó en alto—. Una mafia.

Volvió la vista hacia ellos.

—No —dijo de pronto—. No digáis nada a nadie. Tenéis que hacer lo que os digan. Es lo más prudente. Imagino que os darán instrucciones. No sé dónde ni cuándo, pero os las darán. Los cuatro debemos comportarnos de manera normal, ¿de acuerdo?

Les devolvió la wallet.

—Escondedla en algún lugar seguro. Marcos, tu clase va mañana al Oceanográfico. Vete y actúa como siempre, ¿ok? Sandra, tu clase va a La Albufera. Te digo lo mismo que a Marcos. Y, Daniel, nosotros nos vamos a una visita por la ciudad y a ver un partido de fútbol. Estaremos juntos, pero no hablaremos de esto en ningún momento, ¿vale?

El chico asintió. Volvió a hablar la profesora.

—Confiáis en mí. Yo confío en vosotros. Pero tened mucho cuidado, por favor.

9. MARCOS

El Oceanográfico de Valencia era el más grande de Europa. Marcos lo sabía, pero le impresionó igualmente. Era mucho mejor de lo que esperaba. Todo estaba… ¡perfecto! Había representación de todos los océanos y ecosistemas, acuarios inmensos, pasillos submarinos, tiburones enormes, pingüinos, y… ¡tres ballenas! O casi. En realidad eran unas belugas blancas.

Pero, con diferencia, el delfinario era lo que más le atraía. Esas piscinas eran espectaculares y él sentía pasión por los delfines desde niño. Cuando era pequeño, sus amigos querían tener perros, o gatos, pero él soñaba con delfines. Tenía un montón de peluches de delfines.

Y ahora estaba ahí, sentado en el Oceanográfico con toda su clase, esperando el espectáculo. Tenía a Nilo y a Carlos a su lado.

—¿Sabéis que los delfines duermen con un ojo abierto? —les preguntó.

Ellos le miraron con sorpresa, y él sonrió.

—Siempre tienen una parte del cerebro despierta para subir a respirar a la superficie —explicó—. ¿Y sabéis que pueden reconocer a sus amigos probando su orina?

Carlos y Nilo abrieron mucho los ojos.

—Eso no nos lo expliques, por favor —pidió Nilo.

Era la hora. La presentadora cogió el micrófono y saludó a los asistentes. Su imagen se veía también en la pantalla inmensa que tenía a su espalda.

—¡Muy buenas tardes y bienvenidos al Oceanográfico de Valencia! Mi nombre es Vanesa y voy a acompañaros en este apasionante viaje.

Durante unos minutos habló de los delfines, de su inteligencia y de la importancia de cuidar el mar.

—Y ahora, nuestra cámara elegirá a un voluntario para que nos ayude con el espectáculo —continuó.

Al momento, en la pantalla gigante que había detrás de la entrenadora comenzaron a aparecer, al azar, las caras de los espectadores.

A Marcos se le aceleró el corazón. Deseó con todas sus fuerzas ser el elegido. Nadar con un delfín era el sueño de su vida. Desde niño.

Pero era muy difícil. Seguro que había más de mil personas…

—Y el elegido eres… ¡tú!

De repente, la cara de Marcos apareció ocupando toda la pantalla. Nilo le dio un golpe cariñoso en la cabeza.

—¡Eres tú, Marcos! —exclamó.

A Marcos le costó reaccionar. Miró la pantalla. Luego miró alrededor. Y otra vez la pantalla.

—¡Soy yo! —gritó, al fin.

Tardó solo tres segundos en bajar al lado de la presentadora. Dos personas le ayudaron a ponerse un neopreno sobre su ropa.

La mujer seguía hablando.

—Mi compañera Casandra te acompañará en esta fantástica aventura.

Una entrenadora se acercó corriendo por el borde de la piscina y le puso la mano en el hombro.

—¿Estás listo para ayudarnos con Kiba? —le preguntó, acercando su boca al micrófono—. Kiba es nuestro delfín más inteligente.

Marcos no fue capaz de hablar. La emoción no le permitía abrir la boca. Asintió con la cabeza. Claro que estaba listo. Llevaba años estando listo para esto.

—¡Estupendo! ¡Vamos a llamar a Kiba! Agáchate, y dale un golpe al agua —le pidió.

Marcos lo hizo. Le temblaba la mano. La cabeza del delfín más bonito del mundo apareció de repente.

—Kiba, saluda a nuestro amigo —pidió Casandra.

Pero Marcos ya no escuchaba. Estaba comenzando el momento más mágico de su vida.

Durante los siguientes diez minutos Marcos acarició al delfín, lo abrazó, nadó a su lado, se dejó arrastrar por él… Había mil personas mirando, pero él solo veía al delfín. Su delfín.

—¡Y ahora vamos a darle su premio a Kiba! —anunció la presentadora.

Casandra y Marcos salieron de la piscina y se arrodillaron en el borde, al lado de una pequeña nevera. La entrenadora le dio algunas sardinas para que se las lanzara al delfín. Kiba pareció sonreír. Casi tanto como Marcos.

La entrenadora volvió a meter la mano en la nevera, pero esta vez no le dio una sardina. En vez de eso le miró a los ojos y sin perder la sonrisa le entregó un pequeño papel, plastificado.

—Esto es para ti, Dimitri —le susurró.

10. SANDRA

La Albufera de Valencia. Estaba solo a 500 kilómetros de Sevilla, la ciudad donde vivía, pero no había ido nunca. Sin embargo, lo sabía todo sobre ella. Había leído un montón de libros y había visto todos los documentales. La gran laguna costera de Valencia, de solo un metro de profundidad media. Veinticuatro kilómetros cuadrados y rodeada de 223 kilómetros cuadrados de arrozales. Un parque natural refugio de decenas de especies de aves y peces, algunas en peligro de extinción. Atardeceres mágicos, sonidos del paraíso y el olor del tiempo…

Conocer La Albufera era uno de sus sueños de niña. Podía parecer raro, pero no lo era. Su abuelo, al que no conoció, fue pescador en La Albufera, con su barca y sus redes. Un oficio con el que había sacado adelante a su madre y a otros nueve hijos.

Murió pronto, y Sandra no pudo conocerlo. Su madre le habló de él desde siempre, por supuesto, pero su relación con él era más profunda. O eso pensaba ella.

Desde niña, su abuelo se le aparecía en sueños. Y hablaban. Sandra nunca se atrevió a decírselo a su madre, pero estaba segura de que no eran solo sueños. No podía explicar por qué, pero tenía una conexión especial con Vicente, su abuelo valenciano.

El autobús de su excursión con el instituto estaba aparcando ahora mismo al lado de esa laguna inmensa. La laguna de su abuelo. Su laguna.

Le impresionó. No era lo mismo verla en la tele o en fotografías que verla así, al natural, olerla, escucharla, sentirla…

La voz de Antonio, el profesor, rompió el momento mágico de ese primer encuentro.

—Por favor, no os separéis del grupo —dijo, señalando a unos compañeros que se habían alejado—. Tenemos un paseo en barca dentro de 15 minutos, y después comeremos un allipebre de anguila en una barraca —anunció.

A Sandra se le iluminaron los ojos. Eso no se lo habían dicho. ¡Un paseo en barca! ¡Navegar por la misma laguna que su abuelo!

Ojalá lo hubiera conocido. ¡Y comer allipebre! La comida típica de la zona, el plato preferido de su abuelo. Y en una auténtica barraca valenciana. Una barraca como la que vio nacer a su madre…

Casi no podía creerlo.

En cada barca cabían seis alumnos y el pescador que la guiaba. Eran barcas de madera y se impulsaban con una vara larga y fuerte que se iba apoyando en el fondo de la laguna.

Se habían alejado ya de la orilla cuando el barquero miró a Sandra.

—¿Quieres intentarlo? —le preguntó, señalando la vara.

La sorpresa le impidió contestar durante un par de segundos.

—¡Claro! —dijo al fin.

Y allí, en La Albufera, impulsando una barca similar a la de su abuelo, con la brisa en la cara, Sandra pensó que este año no tenía premio, pero quizá este era mejor que cualquier otro.

Se bajó de la barca con una sonrisa enorme. Antonio esperaba en la orilla. Había un anciano sentado en un banco, a la puerta de una barraca. El profesor lo señaló.

—Sandra, aquel hombre quiere conocerte —dijo, y le guiñó un ojo—. Supongo que te ha visto dirigir la barca y le ha gustado. O quizá es otra cosa…

La chica se acercó, un poco avergonzada. El hombre tenía todos los años del mundo. Y los años le habían dado arrugas y una sonrisa anciana y preciosa.

—Yo conocí a tu abuelo —dijo, sin ninguna introducción.

Sandrá notó cómo su corazón daba un latido mucho más fuerte y algo le apretaba el estómago. El hombre continuó sin esperar respuesta.

—Vicente. Un gran hombre. —Miró hacia la laguna—. Pescamos juntos muchas veces. Muchas. Toda una vida.

Metió los dedos en el bolsillo de su camisa y sacó una foto en blanco y negro. Se la enseñó. Dos hombres y dos barcas. Sonrientes. Pasándose el brazo por encima del hombro.

—Éramos jóvenes. Y felices —aseguró—. Me alegra mucho conocer a la nieta de mi mejor amigo.

Sandra sostenía la foto en las manos. Temblaba de pura emoción y dos lágrimas se le escaparon de los ojos. Abrazó al hombre con la sensación casi real de estar abrazando a su abuelo.

—Puedes quedarte la foto. Yo soy demasiado viejo, y llevo a Vicente aquí —dijo, señalándose el pecho.

Todavía sonreía cuando se sentó en el autobús para volver al hotel. El allipebre había sido más especial aún después de ese encuentro maravilloso.

Sacó de nuevo la foto y pasó los dedos por la figura de su abuelo. Tan cerca y tan lejos. Le dio la vuelta para ver si ponía la fecha en la que fue tomada. No lo había hecho aún.

Pero no había una fecha. Solo un número y una palabra.

Y más abajo, la frase que le heló el alma.

"No pierdas la foto, Natascha".

11. DANIEL

Día libre y partido de fútbol por la tarde. ¿Podía haber un plan mejor?

Algunos habían decidido recorrer el centro histórico de la ciudad con su profesora: el Mercado Central o la Plaza Redonda le habían encantado, pero la Catedral de los siglos XIII y XIV y, sobre todo, subir al Miguelete, su torre, le habían dejado sin palabras. ¡Qué ciudad!

Además, habían comido una magnífica paella en un sitio típico, alejado de las rutas turísticas. No iba mal el día, pero la guinda del pastel iba a ser el partido: Valencia-Real Madrid. ¡Casi nada!

Él no era solo un apasionado hincha del fútbol y del Real Madrid, de los que disfrutan viendo un partido por la televisión. Él, además, era jugador. Llevaba desde los siete años siendo el portero de un equipo. Jugaban una liga, pero era un equipo de aficionados, nada profesional, por supuesto. ¡Ojalá!

El estadio del Valencia era un buen estadio, pero ya se veía algo viejo. Estaban construyendo uno nuevo en otra zona de la ciudad.

Accedieron por la zona de grupos y Manuela, la profesora, les entregó a cada uno su entrada con el sitio que les correspondía.

—¿Fila 3?

Daniel miró a sus compañeros.

—¿Fila 3? —repitió— ¡Pero si eso es casi estar a pie de campo! ¡Estas entradas han tenido que costar un dineral!

Se abrazó a Jesús y Mariano, sus mejores amigos, y comenzaron a saltar y a entonar el típico cántico de la victoria.

—¡Oééé, oé, oé, oééé, oéee!…

El ambiente en las gradas era magnífico y no quedaban localidades a la venta. Lleno absoluto en Valencia para recibir al que para Daniel era el mejor equipo del mundo: el Real Madrid.

Manuela se acercó para asegurarse de que cada uno estaba en su lugar.

—No os quejaréis, ¿verdad? El Valencia y el Real Madrid y casi a pie de campo… —sonrió.

Después miró a Daniel.

—Ehh, ¿todo bien, Daniel? —preguntó mientras le hacía un gesto con las cejas.

Habían prometido que no volverían a hablar del tema y al chico le sorprendió la pregunta. Pero lo entendió. Era un tema demasiado grave como para dejarlo pasar. En cualquier caso, eso le hizo ponerse serio.

—Todo bien —dijo sin más—. De momento.

El partido no fue espectacular, pero lo disfrutó. No solo era el Real Madrid, sino también ver jugar a su portero, Courtois; su ídolo ahora mismo.

Estaba tan cerca del túnel de vestuarios que, si se acercaba un poco, quizá podría conseguir un autógrafo.

Manuela tenía una libreta y un rotulador y se los dejó rápidamente. Se retiraron primero los jugadores del Valencia, cabizbajos por la derrota. Los del Madrid aún saludaban a los hinchas que habían ido a verlos, en una esquina del estadio. Vinieron después. Daniel había conseguido situarse justo junto al inicio del túnel. Los primeros jugadores le chocaron la mano que les ofrecía, y alguno firmó algún autógrafo a otros aficionados. Él estaba reservando el suyo para el portero. Tenía que conseguir que se fijara en él y le firmara la libreta.

—¡Courtois! ¡Courtois! ¡Aquí! ¡Aquí! ¡Por favor, Courtois, una firma! ¡Courtois, por favor!

El portero se había parado justo al otro lado y firmaba a otros aficionados.

—¡Por favor, Courtois! ¡Aquí! ¡Por favor!

El portero giró la cabeza y miró a Daniel. Sus ojos se cruzaron durante un instante más de lo normal. O esa sensación tuvo el chico. Pensó que tal vez al portero le habían molestado los gritos.

El portero se acercó, cogió la libreta y el rotulador y volvió a mirarle fijamente. Después le devolvió la libreta sin firmar, cogió unos de sus guantes, garabateó algo sobre él, se lo dio y le sonrió.

—Gracias por venir —le dijo con su acento belga.

Y, sin más, se perdió por el túnel, camino del vestuario.

Daniel se quedó petrificado. ¿Courtois le había regalado uno de sus guantes? ¿Firmado? ¿Esta vida era real? ¡Tenía uno de los guantes del portero del Real Madrid! ¡El mejor equipo del mundo! ¡El mejor portero del mundo! ¡Esto era un sueño! ¡Su sueño!

Miró la firma del guante. Pero no era una firma. Era un número y una palabra. Y debajo, una dedicatoria: "Para ti, Gregory".

12. Los tres rusos

Cada uno de ellos necesitaba contar a los otros dos lo que había ocurrido en su excursión, y sin haberlo hablado, cenaron rápido en el restaurante del hotel con sus compañeros de clase para volver cuanto antes a la habitación y encontrarse.

El último en contar su parte fue Marcos.

—Y todos pensaron que me daba otra sardina para echarle al delfín. Yo también, pero era un papel. Este papel —se lo enseñó—. Y me dijo: "esto es para ti, Dimitri".

—¡Dimitri! —exclamó Daniel—. ¡¿A ti también te han llamado por un nombre ruso?!

—También —asintió el chico.

Sandra era la que primero había subido a la habitación, se había duchado y ahora se peinaba. Escuchaba a Marcos desde la puerta del baño.

—Así que somos Gregory, Dimitri y Natascha. Genial —suspiró—. ¡Ya es mala suerte!

—¿El qué es mala suerte? —preguntó Marcos—. ¿Todo en general o algo en concreto?

—Es mala suerte que los tres rusos que tenían que venir a nuestra habitación fueran, casualmente, dos hombres y una mujer, como nosotros. Ya lo hemos hablado. Dimitri, Gregory y Natascha. Quien llamó a Daniel no los conocía, pero sí sabía que se llamaban así, por eso al ver nuestra foto no notó nada raro.

Daniel se levantó de la cama y se acercó a la ventana. Cerró la cortina, se agachó y sacó el pendrive del lugar en el que lo habían escondido.

—¿Sabéis qué os digo? —dijo, enseñándoselo—. Que lo que hay aquí tiene que ser algo muy, muy, muy importante, y que estos mafiosos, o lo que sean —bajó la voz—, tienen una red de contactos que no podemos ni imaginarnos.

—Y seguro que tienen pistolas —añadió Marcos, frotándose la frente.

Daniel se sentó en la silla y comenzó a enumerar, utilizando sus dedos.

—Uno: En el delfinario consiguieron que la cámara eligiera a Marcos, y tienen a una entrenadora infiltrada. Dos: en el partido, consiguieron que nos vendieran entradas a pie de pista, y que el portero me diera su guante. Y, tres: por alguna razón se enteraron de que un anciano te iba a dar una foto, Sandra, y dejaron su mensaje por detrás.

—Bueno, lo cierto es que tenemos ya tres palabras —apuntó Marcos.

Sandrá dejó el cepillo del pelo y se acercó a ellos. Se hacía una coleta y ya se había puesto el pijama.

—¿Sabéis de qué estoy segura yo? —preguntó, sin esperar respuesta—. De que hay mucha más gente involucrada. Quizá espías, no lo sé. Pero personas que llevan una vida normal y, sin embargo, son parte de este grupo. Una doble vida. Estoy segura.

Llamaron a la puerta. Había sido un día de muchas emociones y esta vez no se sobresaltaron. Era Manuela, la profesora de Daniel. Entró y cerró la puerta.

—Solo vengo a ver cómo estáis, chicos. Tranquilos, que nadie me ha visto venir.

Le ofrecieron un café de la máquina de cápsulas de la habitación y le contaron los acontecimientos del día. Sin prisa. Ella escuchaba con atención. De vez en cuando hacía alguna pregunta, para aclarar algún punto.

Resopló cuando acabaron.

—¡Uf! Está claro que os tienen controlados —dijo finalmente—. Pero también que no van a haceros daño. Os necesitan. O necesitan a los tres rusos que iban a estar aquí. Y ahora esos tres rusos sois vosotros. Solo quieren el pendrive y las palabras de la contraseña. Nada más. Y nadie tiene las cinco. Imagino que cada palabra la tiene una sola persona. Y vosotros tenéis que reunirlas y dárselas. A quien sea. Seréis los primeros en tenerlas. No hagáis tonterías, por favor. Y no le contéis esto a nadie —insistió.

Salió de la habitación y Daniel, Marcos y Sandra se quedaron un instante en silencio, pensando. "No hagáis tonterías", había dicho Manuela.

De pronto, escucharon una voz femenina en el pasillo del hotel. Se miraron al instante. No había duda. Hablaba en ruso.

Corrieron a la puerta y la abrieron. La profesora Manuela estaba unos metros más allá y los vio. Carraspeó. Hablaba por su teléfono móvil. Volvieron a escuchar su voz. Hablaba en español.

13. El sorteo

Durmieron mal. Quizá no era la profesora Manuela quien hablaba en ruso antes de verlos, pero no había nadie más. Tal vez fue otra mujer que pasó por delante de la puerta y se metió en una habitación cercana. O quizá nadie habló en ruso y fue un engaño de su mente cansada, obsesionada.

Pero la realidad es que comenzaron a dudar de Manuela. Sandra había dicho que estaba segura de que había muchas personas involucradas. Personas normales. Personas con una doble vida. Parecía una idea de locos, pero, ¿y si Manuela era una de ellas? ¿Y si por eso insistía en que no le contaran nada a nadie?

Daniel desayunó incómodo. Sus compañeros reían a su lado, pero él preferiría estar acompañado por Marcos y Sandra. ¡Quién se lo iba a decir hace solo tres días! Le parecía increíble poder sentir tan cercanas a dos personas a las que había conocido solo dos días antes.

Manuela, la profesora, se puso de pie al otro lado de la sala de desayuno y pidió silencio. Tenía que contarles algo.

—Muy buenos días a todos —comenzó—. Espero que hayáis dormido bien y estéis preparados para un día estupendo. Tengo una sorpresa para uno de vosotros. El hotel quiere tener un detalle con los tres colegios que estamos alojándonos en él en el viaje de fin de curso, y nos regala una cena en uno de los faros más bonitos de la costa valenciana. Una cena con un farero auténtico que podrá contaros mil historias. ¿Imagináis una cena en un faro mientras atardece? ¡Puede ser mágico!

Todos comenzaron a aplaudir. Menos Daniel. No le apetecía aplaudir. No le apetecía escuchar a su profesora. Se la imaginaba hablando en ruso. Tal vez era injusto, pero no podía evitarlo.

Manuela siguió hablando. Había cogido una bolsa de tela de color marrón.

—Cada colegio elegirá a una persona para ir a la cena. Hemos pensado en hacer un sorteo. En esta bolsa hay 25 papeles, con vuestros nombres. Sacaré uno al azar.

La profesora metió la mano y mezcló bien los papeles antes de sacar uno. Dejó la bolsa y lo desdobló con cuidado.

—¡Daniel! —gritó—. ¡Enhorabuena, Daniel! Tú serás nuestro representante en la cena con el farero.

Aunque hubo algún gesto de decepción, todos sus compañeros comenzaron a aplaudirle. Pero él no estaba contento. Ya había conocido a dos personas de los otros coles —sus compañeros de habitación—, y ahora se alegraba, la verdad. Pero no le apetecía nada conocer a más gente. De todas formas, no tenía elección.

Manuela se acercó.

—Me alegro mucho, Daniel. A las seis de la tarde os estará esperando un taxi a ti y a las otras dos personas en la puerta del hotel. Estoy segura de que cenar en lo alto del faro será una experiencia increíble.

El día transcurrió sin novedades y a las seis estaba ya esperando al taxi en la puerta del hotel. Aún no habían llegado los otros "afortunados". Tampoco había visto en todo el día a Sandra ni a Marcos y no les había podido decir que llegaría tarde esa noche. Comenzaba a refrescar y se arrepintió de no haber cogido una sudadera.

El taxi llegó apenas dos minutos después.

—¿Es usted una de las personas que va al faro? —preguntó el conductor.

—Sí, pero aún no han llegado las otras dos.

Puede entrar y sentarse ya, si lo desea.

Se sentó atrás, al lado de la ventanilla izquierda. Pocas veces le había importado tan poco ganar un premio.

De repente las otras dos personas entraron también y se sentaron a su lado. Eran Sandra y Marcos. Al ver sus caras supo que estaban tan sorprendidos como él.

14. Viaje en taxi

Aquello no podía ser fruto de la casualidad. Los tres profesores habían utilizado una bolsa y ellos habían sido las personas elegidas. ¿Qué posibilidades había de que eso ocurriera?

Sandra lo tenía claro.

—Ninguna —susurró. No quería que el taxista los oyera—. O sea, sí es posible, por supuesto, pero las posibilidades son ridículas. Y con todo lo que ha pasado… No es casualidad. Seguro.

Marcos bajó la voz aún más.

—¿Y sabéis qué es lo peor de todo? —comenzó—. Que, si no es casualidad, los tres profesores están metidos en esto. Daba igual el papel que sacaran. Iban a decir nuestro nombre. Nadie comprobó que el nombre del papel fuera el nuestro.

—Hay otra posibilidad —apuntó Daniel, también en susurros—. A mi profesora alguien le dio la bolsa. No la traía ella. Quizá los 25 papeles ponían mi nombre. Tal vez ella no sabía nada y alguien preparó esa bolsa…

Sandra y Marcos pensaron durante unos segundos.

—Tienes razón —dijo Sandra, finalmente—. A Antonio también le dieron la bolsa. Podría ser, sí.

—Lo mismo digo —añadió Marcos—. Tal vez sea alguien en el hotel. De lo que ya no tengo duda es de que nos van a dar una nueva palabra.

—¿El farero? —preguntó Daniel.

Marcos señaló al taxista.

—No estoy seguro —dijo.

El taxi pronto salió de la carretera general y se internó por una carretera estrecha y, después, por un camino de tierra bordeado por huertos de naranjos.

Se detuvo al lado de un pequeño acantilado, frente a una vieja construcción.

—Hemos llegado —anunció el taxista—. El viaje ya lo ha pagado el hotel. Vendré a buscaros a las once, como me han pedido.

Salió a recibirles un hombre mayor. Se llamaba Bernardo, tenía una barba muy blanca y, según les contó, llevaba siendo farero más de cuarenta años. Los chicos le saludaron con desconfianza, pero la conversación del hombre consiguió que se relajaran. Les enseñó el faro y les explicó su funcionamiento.

—Ahora es todo automático. Yo solo controlo que no falle, pero antes tenía que encenderlo cada día y estar pendiente de todo.

Les había preparado un estupendo guiso de pescados de la zona y lo comieron con ganas, en lo alto del faro. La conversación con el farero fue deliciosa y las horas pasaron con rapidez. El sol comenzaba a ocultarse a sus espaldas cuando les ofreció una taza de café y unas galletas caseras.

Ciertamente, no parecía un espía ruso. Bebían con calma mientras veían ponerse el sol. Las olas del mar chocaban rítmicamente contra la base del faro. A lo lejos, las gaviotas aún graznaban. Algunas volaban sobre ellos, dueñas del viento.

—Yo he vivido muchos años y he visto muchas cosas —dijo de pronto Bernardo—. Muchas. Y he aprendido algo. ¿Sabéis qué es lo más importante de la vida?

Los tres le miraron sin entender.

— El "ahora" —continuó. Señaló el sol, que ya solo era un punto de luz tras las montañas, el mar y a ellos cuatro—. El "ahora" es lo único que vale. Estar aquí con vosotros, cenando en lo alto de mi faro, charlando frente al mar… Ahora mismo la vida es esto; este rato. Mañana estos momentos ya no existirán más que en nuestro recuerdo. Este es nuestro momento. Es único, y no se repetirá jamás —sonrió—. Tardamos muchos años en darnos cuenta de esto. A veces toda una vida. Pero es así.

Sandra asentía en silencio. El farero continuó.

—Me han dicho que no os conocíais. Que vivís en ciudades diferentes. Ninguno de nosotros nos conocíamos. Era impensable que estuviéramos aquí juntos, cenando. Pero lo estamos. El "ahora", chicos. Es lo más importante. No lo olvidéis nunca.

15. Quemando fallas

Bernardo, el farero, no les dio ningún papel, y no ocurrió nada extraño en los dos días siguientes. Cada colegio realizó las excursiones que tenía previstas. Sandra, Daniel y Marcos estaban convencidos de que alguien trataría de darles las dos palabras que les faltaban, pero no pasó nada.

Habían viajado en marzo, y el punto central del viaje para los tres colegios era asistir a la mayor fiesta de Valencia: las Fallas, una fiesta que la Unesco había incluido en su Lista Representativa del Patromonio Cultural Inmaterial de la Humanidad. Durante todo el año, los artistas falleros diseñaban y construían auténticos monumentos de cartón, madera y otros materiales; figuras normalmente satíricas sobre temas de actualidad, algunas de más de 30 metros de altura, que terminaban quemándose en las calles de Valencia cada 19 de marzo: "la cremá", el momento más importante.

Los profesores de los tres colegios habían decidido que esa excursión la harían en común. De todas formas, cada grupo paseaba por separado, sin llegar a mezclarse. Solo Sandra, Daniel y Marcos caminaban juntos; los acontecimientos de esos días los habían unido mucho. La conversación con el farero, más aún.

Estuvieron varias horas admirando algunas de las fallas de la ciudad, pero habían decidido que la falla que verían arder sería la de la Calle Cuba/Literato Azorín.

Los bomberos ya estaban preparados y había multitud de gente esperando en la calle. Hacía tiempo que era de noche. Manuela estaba cerca de ellos.

—Es increíble que vayan a quemar esto —dijo Sandra—. Es… preciosa. Tanto trabajo para nada.

Una mujer que estaba a su lado la escuchó.

—Te equivocas, jovencita. Todo ese trabajo se hace precisamente para esto, para poder quemar la falla. Mañana empezarán a prepararse las fallas del año que viene. Hay que quemar lo viejo para dar paso a lo nuevo. No solo en las Fallas. En la vida.

—El "ahora" —murmuró Daniel.

—Efectivamente —dijo la mujer—. El "ahora". Por cierto, si no me equivoco, sois Natascha, Gregory y Dimitri, ¿verdad?

Los chicos se quedaron petrificados. Los últimos días sin noticias les habían hecho olvidarse un poco del tema de los rusos.

Manuela había escuchado la pregunta y Daniel la miró. La profesora le hizo un gesto con la cabeza. Era mejor que dijeran que sí.

Los chicos asintieron.

—Está bien —dijo la mujer—. Acompañadme.

Manuela se interpuso entre la mujer y los chicos.

—¿A dónde los lleva? —preguntó—. Soy su profesora y están a mi cargo. No pueden ir con nadie.

—No puedo decírselo, pero le aseguro que será mejor que vengan conmigo.

La mujer se había puesto seria y la profesora lo hizo también.

—Entonces no pueden ir con usted, salvo que yo los acompañe.

La mujer dudó un instante, pero aceptó finalmente.

—Está bien. No creo que haya problema.

La siguieron hasta un coche y ella misma se puso al volante. Condujo hasta un descampado cercano. Un helicóptero los esperaba.

—¿Tenemos que subir en ese helicóptero? —preguntó Manuela.

—Eso es.

—Pero… no hay nadie ahí. No hay piloto.

La mujer miró a Manuela.

—Yo soy el piloto —dijo.

Ni Sandra, ni Daniel, ni Marcos habían montado jamás en helicóptero. Y nunca pensaron que la primera vez tuviera esas circunstancias.

Se abrocharon los cinturones y se pusieron unos auriculares para poder hablarse entre ellos. Sandra le dio la mano a Marcos. Ambos temblaban. Las aspas giraron y el aparato despegó. Manuela abrazó a Daniel.

Volaron durante unos segundos.

—Dígame adónde nos lleva —pidió la profesora.

También parecía asustada. Daniel se arrepintió de haber dudado de ella. Acababa de subirse con ellos en un helicóptero, para protegerlos.

La piloto tardó en responder.

—A ningún sitio —confesó finalmente—. No los llevo a ningún sitio.

Miró un instante hacia atrás y respiró hondo.

—Está bien. Seré sincera, porque no soporto verlos asustados. No sé quiénes sois —decidió tutearlos a todos—. Y no puedo contaros mucho más. Solo que alguien me ha llevado hasta donde estabais, me ha dicho vuestros nombres y me ha pagado mucho dinero para que os llevara en mi helicóptero. Bueno, para que os llevara en mi helicóptero y os diera esto.

Sujetó el mando con su mano izquierda y les dio un papel con la derecha. Tenía un número y una palabra. Se encogió de hombros.

—No sé lo que significa. Solo tenía que dároslo y deciros que esta es la última palabra.

—¿Quién se lo dio? —preguntó Sandra.

—Eso no importa. Lo único que importa es que ya he cumplido mi encargo, que este viaje está pagado y que no tenéis nada que temer. Mirad hacia abajo, por favor.

Le obedecieron.

—¡Ualá! —exclamó Marcos.

La ciudad entera estaba sembrada de luces de fuego. Cientos de hogueras iluminaban la noche. Y también había decenas de fallas ardiendo en cada pueblo de los alrededores. Hasta donde alcanzaba la vista.

—Muy poca gente tiene ocasión de ver arder todas las fallas de la ciudad desde el aire —continuó la piloto—. Disfrutadlo. Es un momento único. En cuanto a usted, señorita —se dirigió a Manuela—, nunca ha estado aquí, ¿me entiende? No me busque problemas.

16. La contraseña

El viaje fue realmente espectacular. Nunca habrían imaginado la belleza de ver arder las fallas desde el aire.

Pero aquello ya había pasado. Ya no era el "ahora". El "ahora" era que se acababa el viaje de fin de curso, que apenas habían dormido, que en una hora tenían que dejar la habitación y que tenían cuatro palabras y un pendrive.

Ya habían preparado sus maletas, pero paseaban nerviosos por la habitación. Sandra leía constantemente los cuatro papeles.

"2- rinoceronte"

"3- abedul"

"4- ciudad"

"5- infinito"

—Es que nos falta uno —repitió, por quinta o sexta vez—. Son cinco y tenemos cuatro. Y ya no tienen que darnos más. Y no tienen sentido.

—Estas contraseñas nunca tienen sentido —apuntó Daniel—. Se trata de eso: palabras al azar en un orden aleatorio.

—Pero sí nos han dado el orden…

—No creo. Nunca guardan los números con las palabras. Por un lado van las palabras y por otro, el orden en el que colocarlas.

Marcos los interrumpió.

—Tengo miedo de que crean que nos hemos quedado con alguno de los papeles y que no queremos darles la contraseña —reconoció Daniel.

—Pero alguien tiene que saber que no nos ha dado su papel —apuntó Sandra.

Alguien abrió la puerta sin llamar. Alguien que tenía llave. Se giraron de golpe. El camarero negro del primer día metió un carrito en la habitación y se fue sin decir nada.

Esta vez no lo persiguieron. En lugar de eso se lanzaron al carrito y levantaron el cubreplatos. ¡Podía ser la última palabra!

Había un papel, pero no era eso. Era una serie de cinco números. Lo cogió Marcos.

“1-4-3-5-2”

—Lo que os decía: el orden en el que tendrán que poner las palabras. La que tiene el número 1 es la primera; la del 4 es la segunda… Este papel también tendremos que entregarlo.

Sandra recuperó los demás papeles y los colocó en el orden indicado.

Ciudad.

Abedul.

Infinito.

Rinoceronte.

—No tienen sentido —murmuró.

—Ya te he dicho que no —insistió Marcos.

—Nos falta la primera, la más importante —dijo Marcos.

—No es la más importante —negó Marcos—. Son todas iguales.

Daniel trató de corregir.

—Quiero decir que es la que lleva el número 1 y además va la primera.

Les quedaba muy poco tiempo y trataron de repasar los acontecimientos de los últimos días. En algún lugar habían tenido que dejar pasar una de las palabras.

—A ver —comenzó Sandra—. Hicimos tres excursiones por separado: al Oceanográfico, a La Albufera y al partido de fútbol, y nos dieron un papel a cada uno. Y fuimos juntos en el helicóptero y nos dieron otro papel, que es el último, parece. Y no ha habido otra ocasión en que nos hayan intentado dar un papel.

—Y solo estuvimos con el farero —apuntó Daniel—. Pudo dárnoslo en cualquier momento y no lo hizo.

—Es más —apoyó Marcos—, nos dijo que no nos preocupáramos de nada, que lo importante era ese momento allí, con él. Si hubiera tenido que darnos un papel, lo habría hecho.

El grito de Sandra los sobresaltó a los dos.

—¡Eso es! ¡El farero! ¡El farero nos dio la otra palabra! Daniel, corre, saca tu portátil.

Los chicos no la entendieron. Ella trató de explicárselo. Estaba excitada.

—¡No tiene por qué ser un papel! ¡Es una palabra! ¡Lo importante es la palabra! ¡Y Bernardo nos dijo cuál era la palabra más importante! ¡Y va la primera! ¡Todo tiene sentido! ¡Ahora! ¡La palabra que nos falta es "ahora"!

Marcos y Daniel tardaron en reaccionar. Sandra abrió la maleta de Daniel sin preguntarle y sacó el ordenador.

—¿Y si no es esa palabra? —preguntó Marcos, que no estaba muy convencido.

Sandra estaba encendiendo el portátil.

—Por eso vamos a probarlo. Para ver si es esa palabra. Pero estoy segura.

—¿Vas a abrir el pendrive? —preguntó Daniel, incrédulo.

—No tenemos otra manera de saberlo. Y —los miró—, quiero saber qué es tan importante para montar todo esto.

El ordenador reconoció la wallet y en la pantalla aparecieron los cinco espacios para la contraseña. El corazón les latía con fuerza mientras la chica tecleaba las palabras. Los tres se miraron antes de pulsar la tecla de "enter". Temblaban de puro nerviosismo.

—¿Lo hacemos juntos? —propuso ella.

Apoyaron sus dedos índices en la tecla.

—Una, dos y… ¡tres!

Pulsaron con miedo. Al instante en la pantalla apareció una ventana nueva y un pitido inundó la habitación.

"Aviso de intrusión enviado. Equipo no autorizado para abrir la wallet".

Sandra cerró de golpe el portátil y el sonido cesó. Volvieron a mirarse. Esta vez no sonreían.

No les dio tiempo a hablar. El teléfono de la habitación sonó apenas cinco segundos después. Daniel levantó el auricular. La voz rusa del primer día no sonaba amable esta vez.

—No debíais haber hecho eso. Esto no era un juego. Bajad al hall. Sentaos en el sofá bajo la palmera. Uno de los nuestros irá a recoger la mercancía y la contraseña. No habléis con nadie. Lo reconoceréis porque os dirá la palabra clave: PRIZ.

17. La entrega

Casi no había nadie en el hall del hotel. Una pareja que dejaba ya su habitación, la recepcionista y una limpiadora que fregaba el suelo.

Se sentaron. No podían decir que estaban nerviosos. Quizá la palabra era aterrados. ¿Recogerían la contraseña sin más o tendrían algún castigo por haber tratado de acceder a la wallet?

Por un momento se les había pasado por la cabeza salir corriendo, o llamar a la policía, pero era demasiado peligroso. Estaban a merced de ellos y era mejor hacer lo que les pedían.

Miraban hacia todos los lados, tratando de descubrir a la persona que vendría a por los papeles. La que les iba a decir la palabra clave.

—¿Ya estáis aquí? La voz de Manuela los sobresaltó.

No contestaron. Intentaron hacerle señas disimuladas para que se fuera, pero en vez de eso, aparecieron también Antonio y Eduardo, el profesor de Marcos. Los tres se pusieron a charlar animadamente delante de ellos. Las cosas no podían ir peor.

De repente, los tres profesores se quedaron en silencio y se volvieron hacia ellos. Estaban serios. Muy serios. No parecían los profesores de siempre. Manuela extendió la mano hacia ellos.

—"PRIZ" —dijeron los tres al unísono.

Sandra, Marcos y Daniel se quedaron aturdidos. ¿Sus profesores eran parte de la mafia que estaba detrás de la wallet? ¿Eran el contacto al que debían entregar la contraseña? Tenían la cabeza a punto de explotar. Todo lo que habían sospechado en algún momento era cierto.

No pudieron reaccionar. Era imposible reaccionar a eso.

Sandra le entregó a la mujer los papeles y la wallet aún con la boca abierta.

La voz de Manuela les sonó esta vez como un mazazo en el alma.

—No os levantéis de aquí antes de diez minutos. No giréis la cabeza. Mirad siempre al frente.

18. Invita la casa

Estuvieron al menos cinco minutos sin atreverse a hablar entre ellos.

Fue Daniel el que rompió el silencio, en susurros.

—¿Por qué diez minutos? —preguntó.

—Supongo que es el tiempo que necesitan para escapar —aventuró Sandra.

No se lo podían creer. Sus profesores miembros de una mafia rusa. El corazón aún les latía muy rápido.

De pronto se apagaron todas las luces del hall y durante un instante estuvieron a oscuras. Al poco, un foco iluminó la pared blanca que tenían frente a ellos. Era un proyector. Parecía el inicio de una película. No entendían absolutamente nada, pero no se atrevían a moverse.

En la imagen aparecieron tres personas. Eran sus tres profesores. Estaban metiendo la wallet en un ordenador. Los chicos no eran capaces de apartar la vista. Lo que estaba ocurriendo los superaba por completo.

Manuela tecleaba en el ordenador las palabras que acababan de darle. Después, los tres profesores se giraban hacia la cámara y sonreían. Como si les estuviesen sonriendo a ellos.

Esa imagen dio paso a un nuevo vídeo; un resumen de lo que habían sido sus días en el viaje fin de curso a Valencia: Marcos con el delfín, Sandra remando en La Albufera y la foto de su abuelo valenciano, Daniel recogiendo el guante del portero del Real Madrid… Alguien a quien no habían visto los había grabado en todos esos momentos.

La situación se estaba volviendo surrealista. ¿Qué estaba ocurriendo? ¿Qué locura era esa?

También aparecieron imágenes suyas en el helicóptero, sobrevolando la ciudad mientras las fallas ardían, y en lo alto del faro, cenando con Bernardo, con el sol ocultándose a sus espaldas.

Jamás en toda su vida habían vivido algo semejante.

La proyección se acabó y se encendieron de nuevo todas las luces del hall. Antes de que pudieran reaccionar, el camarero negro que habían visto en dos ocasiones apareció delante de ellos con una bandeja. Les ofreció tres cócteles espectaculares y los cogieron por inercia.

—Invita la casa —les dijo—. Por cierto, ¿me sale bien el acento ruso?

Sonrió y les guiñó un ojo antes de irse.

En ese momento, un ruido atronador les sorprendió a sus espaldas. Eran aplausos. Se volvieron.

Todos sus compañeros, las tres clases de los tres colegios y los profesores los aplaudían. Después, todos cogieron un cóctel como el suyo y levantaron la copa para brindar con ellos.

Una nueva proyección comenzó en la pared que tenían ahora frente a ellos. Las cinco palabras abrían por fin la wallet y dejaban leer un mensaje.

“Felicidades, Daniel (Gregory), Sandra (Natascha) y Marcos (Dimitri). Esta aventura ha sido vuestro premio. El nuestro, teneros como compañeros todos estos años.

¡Os queremos!

Abreviaturas y símbolos

coloq	= coloquial, umgangssprachlich
juv	= juvenil
loc	= locución, idiomatischer Ausdruck
+ subj	= subjuntivo
+ inf	= mit Infinitiv
→	= aus derselben Wortfamilie
≠	= Antonym
=	= Synonym